Helmut Schlender
Mein Geld für die Kirche?

Helmut Schlender

Mein Geld für die Kirche?

Verlag der
Lutherischen Buchhandlung
Heinrich Harms - Gr. Oesingen
1997

Der Verfasser dieses Heftes, Helmut Schlender (1909-1989), war Pfarrer der Evangelisch-Lutherischen Freikirche und zuletzt der Evangelisch-lutherischen Bekenntniskirche. „Mein Geld für die Kirche?" ist zuletzt - bearbeitet von Johannes Forchheim, heute Pfarrer der Selbständigen Evangelisch-Lutherischen Kirche in Fürstenwalde - 1972 in zweiter Auflage in der Evangelischen Verlagsanstalt GmbH Berlin erschienen. Die vorliegende Ausgabe ist im wesentlichen ein unveränderter Nachdruck der 2. Auflage. Die Bibel wird nach der Übersetzung Martin Luthers in der Fassung von 1964 (Altes Testament) und 1984 (Neues Testament) zitiert.

© 1997 by
Verlag der Lutherischen Buchhandlung
Heinrich Harms - Gr. Oesingen

ISBN 3-86147-149-3

Herstellung:
DRUCKHAUS HARMS
Eichenring 18 - 29393 Gr. Oesingen
Telefon 05838/772 - Telefax 05838/702

Inhalt

1. Verlangt die Bibel das Geben? 9
2. Sollen wir geben? 15
3. Gibt es Einwände gegen das Geben? 23
4. Wie sollen wir geben? 38
5. Wieviel sollen wir geben? 44

Wenn in der Kirche gelegentlich ans Geben erinnert wird, kann man oft hören: „Die Kirche will bloß unser Geld!" Aber stimmt denn das? Ist das wahr?

Ist es nicht vielmehr so, daß selbst der reichste und opferfreudigste Geber der Kirche, und damit Gott, niemals so viel gibt und geben kann, wie er in seiner Gemeinde empfängt? In welch überwältigender Fülle empfängt doch jeder Christ von Gott die teuersten Gaben und Schätze, die mehr wert sind als aller Reichtum. Vergebung der Sünden, Leben und Seligkeit, das sind die Gnadengaben Gottes, die alle Geschenke bei weitem übertreffen, die Menschen uns überreichen. Mit allem Geld, das in der Welt vorhanden ist, können wir niemals die Seligkeit erkaufen, die uns Gott um seines Sohnes willen umsonst und ohne alle Gegenleistung anbietet.

Ist es denn wirklich zuviel verlangt, wenn der himmlische Geber zu uns spricht: „Du reicher Erbe, der du täglich aufs neue mit den köstlichsten Gütern beschenkt wirst, bring dem Herrn als Zeichen des Dankes deine Opfer, damit das Wort Gottes unter den Menschen laufe und wachse und erhalten bleibe"?

Darum wollen wir über das Geben für die Kirche nachdenken und in fünf Abschnitten davon reden.

1. Verlangt die Bibel das Geben?

Gottes Wort sagt recht viel über das Geben. Eindringlich unterweist uns Gott darüber sowohl im Alten wie im Neuen Testament. Die Propheten, die Apostel und unser Herr Jesus Christus selber belehren uns. Es wäre eine große Unterlassungssünde, wenn wir dieses Stück der biblischen Lehre verschweigen und unterschlagen würden. Der Befehl des Herrn an seine Diener lautet doch: „Lehret sie halten *alles*, was ich euch befohlen habe" (Matthäus 28, 20). Voll heiligen Ernstes ruft Jesus am Ende der Bibel der Kirche warnend zu: „Und wenn jemand etwas wegnimmt von den Worten des Buchs dieser Weissagung, so wird Gott ihm seinen Anteil wegnehmen am Baum des Lebens und an der heiligen Stadt, von denen in diesem Buch geschrieben steht" (Offenbarung 22, 19). Am Jüngsten Tage wird der Herr von jedem seiner Diener auch darüber Rechenschaft fordern, ob er es in diesem Stück der Lehre an rechter Unterweisung und Ermunterung zum Geben nicht habe mangeln lassen. Schließlich möchte es doch ein Christ wissen, was sein himmlischer Vater und sein Heiland ihm über das Geben zu sagen haben.

Schon 2. Mose 35 lesen wir, daß Mose im Auftrag Gottes das Volk Israel auffordert, beim Bau der Stiftshütte reichlich zu opfern. „Mose sprach zu der ganzen Gemeinde der Israeliten: Dies ist's, was der Herr geboten hat: Erhebt von eurem Besitz eine Opfergabe für den Herrn, so daß ein jeder die Opfergabe für den Herrn *freiwillig* bringe" (2. Mose 35, 4-5). Dann werden allerlei Dinge aufgezählt, die Gott zur Ehre gegeben werden können. Und das Volk tat es. Das Volk Israel wird im 5. Buch Mose (Kap. 26, 10) angehalten zu sagen: „Nun bringe ich die Erstlinge der Früchte des Landes, das du, Herr, mir gegeben hast. Und du sollst sie niederlegen vor dem Herrn, deinem Gott, und anbeten vor dem Herrn, deinem Gott." 2. Chronik 31, 5 heißt es: „Und als dies Wort erging, gaben die Israeliten reichlich die Erstlinge von Getreide, Wein, Öl, Honig und allem Ertrag des Feldes; und auch den Zehnten von allem brachten sie in Menge."

Die Psalmen reden auch vom Geben. Psalm 50, Vers 14 mahnt: „Opfere Gott Dank und erfülle dem Höchsten deine Gelübde." Der 23. Vers desselben Psalms spricht: „Wer Dank opfert, der preiset mich, und da ist der Weg, daß ich ihm zeige das Heil Gottes", und in Psalm 106, Vers 1-2 heißt es: „Halleluja! Danket dem Herrn; denn er ist freundlich, und seine Güte währet ewiglich. Wer kann die großen Taten des Herrn alle erzählen und sein Lob genug verkündigen?" Unser Heiland spricht zu uns: „Gebt, so wird euch gegeben" (Lukas 6, 38). Der Apostel Paulus hat in seinem 2. Brief an die Korinther in zwei aufeinanderfolgenden Kapiteln (8 und 9) fast nur vom Geben und Opfern geschrieben und die Gemeinde über das Kollektensammeln unterrichtet. Eine Stelle aus dem 9. Kapitel wollen wir besonders herausstreichen: „Wer da kärglich sät, der wird auch kärglich ernten; und wer da sät im Segen, der wird auch ernten im Segen" (Vers 6). An die Galater schreibt der Apostel Paulus: „Laßt uns aber Gutes tun und nicht müde werden; denn zu seiner Zeit werden wir auch ernten, wenn wir nicht nachlassen." (Galater 6, 9). Seinen Schüler Timotheus erinnert Paulus (1. Timotheus 6, 17-19): „Den Reichen in dieser Welt gebiete, daß sie nicht stolz seien, auch nicht hoffen auf den unsicheren Reichtum, sondern auf Gott, der uns alles reichlich darbietet, es zu genießen; daß sie Gutes tun, reich werden an guten

Werken, *gerne geben, behilflich seien*, sich selbst einen Schatz sammeln als guten Grund für die Zukunft, damit sie das wahre Leben ergreifen." Auch der Hebräerbrief ermahnt uns eindringlich (Hebräer 13, 16): „Gutes zu tun und mit andern zu teilen, vergeßt nicht; denn solche Opfer gefallen Gott." Willig sind die Gemeinden damals dem Rufe der Apostel gefolgt, so daß Paulus voller Freuden den Korinthern von der Opferwilligkeit der mazedonischen Gemeinden berichten konnte: „Obwohl sie sehr arm sind, haben sie doch reichlich gegeben in aller Einfalt" (2. Korinther 8, 2).

Die Bibel weist uns also ans Geben. Gott hat seines eigenen Sohnes nicht verschont, sondern ihn für uns alle dahingegeben. Unser Geben ist Antwort auf seine Heilsgabe, mit der wir ihm etwas von unseren Einnahmen zurückgeben. Zugleich sollten wir uns ihm ganz im Dienst und Gehorsam weihen. Darum schreibt Paulus von den mazedonischen Gemeinden, deren Opferfreudigkeit er so rühmt, daß sie sich zuerst dem Herrn ergeben hätten. Gott hat uns doch in Christus alle zu Priestern gemacht, die Gott im Heiligtum seiner Kirche dienen und darum als gottesdienstliche Handlung auch geben sollen, wie es uns der 1. Thessalonicherbrief sagt: „Seid dankbar in allen Dingen, denn das ist der Wille Gottes in Christus Jesus an euch" (1. Thessalonicher 5, 18). Gott gibt uns Verdienst, Einnahmen und Güter und sagt uns: Nun gib auch freudig und reichlich wieder!

2. Sollen wir geben?

Wir haben es gesehen: Es ist Gottes ausdrücklicher Wille, niedergelegt in der Bibel, daß seine Kirche durch die Opfer der Christen gefördert und miterhalten werde. Der himmlische Vater versorgt darum die Seinen so väterlich und gibt ihnen reichlich, damit sie diesen seinen Willen erfüllen können.

Ist es nun nicht traurig, daß man überall in der Christenheit laute Klage über die Opferträgheit vieler Gemeindeglieder hört? Wie wollen sich denn solche Christen, die kein rechtes Opfer übrig haben und die Hauptlast von den anderen Gemeindegliedern allein tragen lassen, einmal vor Gott verantworten?

Wenn die Welt für ihr Vergnügen freudig große Opfer gibt, sollten wir dann nicht hundertmal williger sein, reiche Opfer mit Freuden und Dank dem darzubringen, der uns zu dem himmlischen Erbteil, zum ewigen Licht und Leben führt? Sind wir denn, wenn wir keine Gebefreudigkeit mehr haben, überhaupt noch Christen? Gibt uns Gott Gesundheit, Arbeit und Verdienst, so tut er das nicht nur, um uns in seinem Erbarmen vor Mangel und Not zu bewahren; er tut es auch in der Absicht, damit wir unsere Opfer Gott jederzeit bringen können. Ein großer Lehrer der Kirche hat darum gesagt: „Es wird uns gegeben und wir haben, nicht damit wir haben, sondern damit wir wohltun." Wenn nun einer doch nichts oder nur knapp und kärglich gibt und dabei nur an sich und nicht an Gott denkt, muß Gott solche Sünde nicht strafen? Ja, er muß strafen, genau wie er jede andere Sünde straft.

Es sei hier verwiesen auf das erste Kapitel im Buch des Propheten Haggai. Darin wird uns folgendes berichtet: Die Juden waren aus der Gefangenschaft zurückgekehrt und machten sich eifrig daran, Güter zu sammeln und Häuser zu bauen. Nachdem sie genügend für sich gesammelt und gebaut hatten, wollten sie auch des Herrn Haus bauen. Durch den Propheten Haggai läßt Gott dem Volk aber sagen: „Achtet doch darauf, wie es euch geht: Ihr sät viel und bringt wenig ein ... weil mein Haus so wüst dasteht und ein jeder nur eilt, für sein Haus zu sorgen. Darum hat der Himmel über euch den Tau zurückgehalten und das Erdreich sein Gewächs. Und ich habe die Dürre gerufen über Land und Berge, über Korn, Wein, Öl und über alles, was aus der Erde kommt, auch über Mensch und Vieh und über alle Arbeit der Hände" (Haggai 1, 5b u. 6a. 9-11).

Wenn wir erkennen, daß wir in diesem wichtigen Werk des Herrn lässig gewesen sind, dann gilt es, daran zu denken, daß das Gericht Gottes zuerst am Hause Gottes, das heißt an den Christen, anfängt. Luther sagt in seiner Vorrede zum Propheten Haggai: „Gott will auch mitessen, oder sie sollen auch nichts zu essen finden." Natürlich sollen und wollen wir nicht aus Furcht vor Gottes Strafe unser Geld bringen. Mit gläubigem und dankerfülltem Herzen soll es geschehen. Ein Diener des Wortes hat einmal vor einer großen Gemeinde eine Predigt gehalten. Darin sagte er u.a.: „Denkt nicht, daß ich um eure Gaben bettle! Ich stehe im Dienst eines reichen Herrn, dem alles Geld dieser Erde gehört und der darum euer Geld gar nicht braucht. Denkt auch nicht etwa, daß er ohne uns seine Kirche nicht erhalten könnte! Nein, er braucht uns nicht, aber er will uns Gelegenheit geben, ihm unseren Dank abzustatten und unsere Freude zu bekunden. Wer nicht gern gibt, soll sein Geld behalten." Fröhliche Geber fanden sich damals viele. Auch hier und heute noch gibt es gebefreudige Christen, die aus herzlicher Liebe und Dankbarkeit zu dem, „von dem sie alles haben", ihr Letztes geben. Jesus Christus ward um ihretwillen arm bis auf den letzten

Blutstropfen, damit sie durch seine Armut reich würden. Sie wissen und erfahren es, daß alles, was sie sonst im Leben an Schutz, Hilfe und Errettung erfahren, von Gott herkommt, dem sie nicht nur mit Worten, sondern mit Taten und darum eben mit Gaben danken und dienen möchten. Laßt uns auch heute noch zu ihm gehen und ihm sagen: „Gütiger Gott und Vater, der Du an uns arme, unwürdige Sünder alles, was Dein ist, freudig verschenkst, auch wir wollen Dir gern unsere Opfer bringen von dem, was Du uns zuvor gegeben hast, damit die Ausbreitung Deines Wortes gefördert, Dein Name auch anderen kundgetan werde."

Vor langer Zeit hatte sich einmal folgende Begebenheit zugetragen, die eindringlich mahnt: „Wir sollen geben." Ein Bauer in Osnabrück war am Palmsonntag in der Kirche gewesen. Der Pastor hatte über den Einzug Jesu in Jerusalem gepredigt und dabei gesagt, wie glücklich doch der Besitzer der Eselin und des Füllens gewesen sein müsse, weil er sie dem Heiland zum Dienst hätte geben können. Unser Bauer hatte auch ein Pferd im Stall stehen und dachte bei sich: „Ja, das ist wahr: Wenn unser Herr Jesus noch auf Erden wandelte, mit welcher Freude würde ich ihm mein Rößlein geben!" Beim Ausgang aus der Kirche wollte er eine Kupfermünze in den Opferstock werfen. Da sah er auf der Münze ein springendes Pferd (Braunschweigisches Geld), und der Gedanke zuckte ihm durch den Sinn: „Alle Rößlein, die in meiner Tasche springen, will ich meinem Heiland zum Dienst geben und der Kirche opfern." Von da ab opferte er willig alle Kupfermünzen mit einem Pferd darauf, obwohl es ihm vorkam, daß er in seinem Leben noch nie so viele kupferne Pferde in der Hand gehabt hätte. Als er bald darauf entdeckte, daß auch silberne Münzen mit gleichem Gepräge existierten, wurde er doch in seinem Vorsatz nicht wankend, sondern gab auch alle Silberrößlein für das Reich Gottes. So gingen etwa sieben Monate ins Land. Da trieb er eines Tages ein Schwein zum Markt und verkaufte es dort für ein gutes Stück Geld. Der Fleischer gab ihm unter anderem auch ein Goldstück dafür, das den Bauern freundlich anlachte. Und gerade wollte der Bauer es auch freundlich anlachen, da sah er auf dem Goldstück ein springendes Pferd. Ein goldenes Pferd dem Herrn zu opfern, das ist zu viel! Hatte er doch, als er sein Versprechen gab, nicht die leiseste Ahnung, daß es solche Münzen gäbe. Er steckte das Geldstück in die Tasche, aber er hatte keine Ruhe. Er holte es wieder aus der Tasche heraus und besah es, aber das Rößlein blieb darauf. Er sah aber zwei Worte darauf: „Nunquam retrorsum!" Die ließ er sich vom Pastor übersetzen. Sie heißen: „Niemals rückwärts!" Da stand der Bauer und dachte: „Hast du einmal mit den Kupferpferden angefangen und bist dann mit den silbernen fortgefahren, so solltest du nun auch um des goldenen willen dein Versprechen nicht zurücknehmen. Niemals rückwärts!" Und er brachte auch dieses Goldstück für die Kirche.

3. Gibt es Einwände gegen das Geben?

Es heißt in einem Liede: „Jesus mein Heiland gab sich zum Opfer, Jesus mein Heiland büßt meine Schuld." Sollte uns die Liebe zum Heiland nicht zum Opferbringen willig machen? Das andere Ich ist da und widerstrebt unserem Geist und dem neuen Menschen und versucht, uns die Gebefreudigkeit zu nehmen. So freigebig der alte Mensch ist, wenn es gilt, die Wünsche seines Herzens zu befriedigen, ebenso geizig ist er, wenn er vor der Kirchenkasse steht. Dem Götzen *Ich* will er alles geben, für Gott hat er nichts übrig. Aber weil er weiß, daß er den Kampf gegen den opferfreudigen inwendigen Menschen verlieren würde, greift er zur List und zu den verschiedensten Einwänden, mit denen er zu behaupten versucht, er könne ja gar nichts geben. Wir wollen nur einige solcher Einwände nennen.

Der erste Einwand lautet: „Du kannst doch ein Christ sein und selig werden, ohne daß Du immer Geld bringst. Du weißt doch, daß man nicht durch eigene gute Werke selig wird, sondern durch Gottes Gnade." Gewiß ist und bleibt es wahr, daß niemand weder durch sein Geben noch durch andere gute Werke selig werden kann. Ein Christ aber, der selig werden will, tut Gottes Willen. Man kann nicht Gottes Willen tun und *nichts* geben. Gottes Wort nennt die Christen Priester Gottes. Ein Priester hat nicht nur ein priesterliches Herz, sondern auch priesterliche Hände. Als daher einmal einer sagte: „Mein Christentum kostet mich jährlich 2 Mark", mußte er sich die Antwort gefallen lassen: „Es ist aber auch nicht mehr wert." Ein Christ trägt in seinem Herzen Liebe zu Gott und Gottes Reich. Der Liebe Art aber ist es, zu geben und Opfer zu bringen. Kinder, die ihre Mutter lieben, geben jeden gesparten Groschen freudig hin, um der Mutter zu Weihnachten oder zu ihrem Geburtstag durch eine Gabe Freude zu bereiten und der Mutter dadurch ihre Liebe zu bekunden. So tun es auch die Kinder Gottes ihrem himmlischen Vater gegenüber. Wer sein irdisches Gut allein für sich, für seine eigene Bequemlichkeit verwendet, der sät auf das Fleisch und wird vom Fleisch das Verderben ernten. Auch sagt Gottes Wort, daß nicht nur der Baum, der arge Früchte bringt, sondern auch der, der keine *guten* Früchte bringt, abgehauen und ins Feuer geworfen wird (Matthäus 3, 10).

Der zweite Einwand: „Du kannst jetzt nichts für Gott geben, weil du sparen mußt und dir erst noch manches anschaffen willst. Warte daher noch eine Weile mit dem Geben, bis die Wohnungseinrichtung vollständig ist, dann gib meinetwegen, wenn du nicht anders kannst." Wenn dieser Einspruch kommt, dann sprich: Warum rätst du denn immer nur dann zur Sparsamkeit, wenn es sich um die Kirchenkasse handelt und nicht, wenn Menschen vor den Theater- und Vergnügungskassen stehen? Da mahnst du nicht zur Sparsamkeit, auch wenn Menschen manchmal ihr Letztes hergeben oder gar Schulden machen. Der Rat, mit dem Geben zu warten, ist bedenklich. Die Erfahrung lehrt, daß derjenige recht spät oder nie dazu kommt, der mit seinem Geben auf bessere Zeit und Gelegenheit wartet. Vertrittst du deshalb die Meinung, du könntest später einmal geben und das Versäumte nachholen, so frage dich: Glaubst du wirklich, daß dir das Geben dann, wenn du mehr haben solltest, leichter fallen wird? Sagt nicht der Volksmund mit Recht: „Je mehr er hat, je mehr er will, nie schweigen seine Klagen still"? Eine Frau, die aus Armut zum Wohlstand gekommen war, gestand ehrlich: „Als ich noch einen Groschenbeutel hatte, da hatte ich ein Dukatenherz; seitdem ich aber einen Dukatenbeutel habe, habe ich ein Groschenherz." So geht es manchen. Darum bleibt es wahr, daß die meisten und wirklichen Opfer nicht von den Reichen gebracht werden.

Ein Pastor wurde von einer kleinen Gemeinde, die wegen Geldmangel ihren Kirchenbau nicht fortsetzen konnte, zum Seelsorger berufen. Er nahm den Ruf an, aber unter der Bedingung, daß das erste Opfer und ebenso jedes erste Monatsopfer der Gemeinde nicht für die eigenen Zwecke, sondern für ein bestimmtes kirchliches Anliegen verwendet werde. Die Gemeinde wollte seinem Wunsch entsprechen, aber erst nach Beendigung des Kirchbaus. Der Pastor bestand auf seiner Bedingung. Die Gemeinde willigte ein, und in drei Jahren wurde die Kirche fertig. - Hätte die Witwe zu Zarpath damals gedacht: Erst will ich mit meinem Sohn essen, wenn dann noch etwas übrigbleibt, dann soll es Elia haben, so hätte sie das herrliche Wunder der Hilfe und Errettung Gottes durch Elia nicht erlebt. Wer Gott in seinem Leben nicht reden, regieren und rechnen läßt, wird keine Wunder sehen.

Auf einer Synode hatte vor einigen Jahren ein Christ eine Äußerung getan, die hier noch erwähnt werden soll. Der Synodalkassierer hatte in Anbetracht des Defizits, das die Kasse aufwies, die Gemeinden zu größerer Gebefreudigkeit ermuntert. Da meldete sich der genannte Mann und sagte folgendes: „Wir müssen unser Fleisch mit seinen Ansprüchen in die Schranken weisen, und mit dem Defizit hat es bald ein Ende. Ich will zeigen, wie ich das meine: Da plagt mich schon eine Weile der Gedanke, du brauchst einen neuen Hut. Als es bereits soweit war, daß ich ihn mir kaufen wollte, besah ich den alten Hut genauer und stelle fest, daß ich ihn ganz gut noch eine Weile tragen kann. Darum sage ich zu meinem alten

Adam: Du also wünschst dir einen neuen Hut. Du sollst ihn nicht bekommen, weil du ihn am allerwenigsten verdient hast. Verdient hat ihn nur mein neuer Mensch, aber der will ihn ja gar nicht in seiner Bescheidenheit. Darum sollst du ihn doppelt nicht haben. Auf diese Weise bekomme ich für das Reich Gottes mehr Geld zur Verfügung." Dieser Mann war ein gebefreudiges Glied der Kirche.

Ein dritter Einwand lautet: „Es wird zu *oft* zu *viel* zum Geben aufgerufen, und man soll dauernd nur geben." Dieser Ärger plagte auch jenen jungen Mann, der in seinem Gebetbuch blätterte und las: Gebet am Montag, Gebet am Dienstag usw. „Da habt ihr's! sagte er zornig „jeden Tag soll man nun schon geben." Er hatte in seinem Ärger beim Lesen den Ton statt auf die zweite auf die erste Silbe gelegt und also anstatt Gebet *gebet* gelesen und übersehen, daß hier nicht vom Geben, sondern vom *Gebet* die Rede ist. Der eifrige *Beter* ist auch eifrig im *Geben*. Wer täglich betet, dem wird das Geben nicht zuviel werden.

Ein vierter Einwand: „Immer gib nur, zuletzt wirst du selber nichts haben. Viel geben macht einen leeren Beutel." Das stimmt nicht! Es gibt nicht einen Christen, der gesagt hätte: „Weil ich so viel für Gottes Reich gegeben habe, muß ich nun selber Mangel leiden." Solch einen gab es nicht und wird es niemals geben. Christen gibt es, die trotz geringen Einkommens stets eine offene Hand für ihre Kirche und für Arme hatten und dabei besser auskamen als manch ein Geiziger. Während in Notzeiten viele andere Mangel und Hunger litten, hat sich an ihnen das göttliche Verheißungswort wunderbar erfüllt: „In der Teurung werden sie genug zu essen haben" (Ps. 33, 19 nach der Übersetzung Martin Luthers. Textfassung 1912). Der Volksmund kennt darum das Sprichwort: „Der Geizige nimmt sich arm, und der Gebefreudige gibt sich reich." In den Sprüchen Salomos lesen wir: „Einer teilt reichlich aus und hat immer mehr; ein andrer kargt, wo er nicht soll, und wird doch ärmer" (Sprüche 11, 24).

Alles, was wir Gott geben, sieht er nur als geliehenes Gut an, das er mit Zins und Zinseszins zurückgibt. Wie weit geht doch Gottes Barmherzigkeit! Er, der uns zuvor alles gegeben hat und darum ein Recht hat zu fordern und zu gebieten, will sogar den Trunk Wasser, den wir dem anderen reichen, nicht unvergolten lassen. Wenn schon ein harter Pflaumenkern, den man in die Erde legt, so reiche Frucht bringt, was für Früchte wird dann erst der Same bringen, der in Gottes Weinberg gesät wird! Wie die Sonne das Wasser an sich zieht und die Wolken der Erde wiedergeben, was sie aufgesogen haben, so will Gott segnend wiedergeben, was wir in seinem Namen geben und in seine Hand legen. „Denn unser Herr Gott", sagt Luther, „läßt sich nicht nachsagen, daß wir ihm mehr sollten geben, denn er uns gibt; sondern mit unzähligen Gaben überschüttet er dich dagegen, wie hundert Körner in der Weizenähre stehen, die aus einem gesäten Korn aufgegangen ist."

Der barmherzige Gott, der über das Tun seiner Menschen gleichsam Rechnung führt und in seinem Abrechnungs- und Kontobuch alle in Liebe und Glauben vollbrachten Werke seiner Christen einträgt, vermerkt darin auch die kleinsten Opfer der ärmsten Geber. Hier mag es oft scheinen, als fiele solche Gabe wie ein Tropfen ins Meer und verschwinde wie nichts. Hier mag es so scheinen, aber dort wird der kleine Tropfen zu einer kostbaren Perle. Wie die Schneeflocke, die vom Berge herabrollt, in der Tiefe als eine ungeheure Lawine ankommt, so werden auch die kleinsten in Liebe und Glauben dargebrachten Gaben von den Bergen der göttlichen Barmherzigkeit als unermeßliche Schätze in den Schoß der treuen Geber fallen. Hier mag es wohl oft geschehen, daß niemand weiß, welch ein großes Opfer die kleine Gabe war, oder daß diese kleine Gabe neben der größeren der Reichen übersehen und vergessen wird. Dort aber werden sie sehen, daß Gott ihre Gabe nicht vergessen, sondern sie mit besonderem Wohlgefallen angenommen und im Gedächtnis bewahrt hat.

Wie leicht macht uns doch Gott das Geben! Kann man das überhaupt geben nennen? Muß man denn nicht vielmehr sagen: „Für Gottes Reich geben heißt nehmen, sparen und besitzen"? Luther sagt einmal: „Gott fordert nur, weil er geben will. Er will, daß wir unsere Kisten und Kasten ausräumen, damit für seinen Segen Raum werde." Welche Sparkasse und welche Bank kann so hohe Zinsen zahlen, wie Gott sie seinen Gebern verheißt? Er gibt mehr Zinsen als alle Banken der Welt zusammen. Seine „Prozente" beziehen sich auf dieses *und* jenes Leben. Der

41. Psalm zeigt es uns in den Versen 1-3: „Wohl dem, der sich des Schwachen annimmt! Den wird der Herr erretten zur bösen Zeit. Der Herr wird ihn bewahren und beim Leben erhalten und es ihm lassen wohlgehen auf Erden und ihn nicht preisgeben dem Willen seiner Feinde."

Von einem Mann soll noch erzählt werden. Dieser Mann gehörte nicht zu denen, deren Christentum nur bis an die Geldtasche reicht und am Opferstock aufhört, nein, er war einer der rechten „Zahlmeister" der Kirche Jesu Christi. Seine weltlich gesinnten Freunde haben ihm seine Gebefreudigkeit vorgeworfen und prophezeit, daß er einmal als Bettler auf dem Stroh werde sterben müssen. Als er dann auch bald auf dem Sterbebett lag, sagte er zu diesen Freunden: „O, wie ganz anders ist's doch nun gekommen, als ihr es gesagt habt. Was ich behalten, das ist verloren. Was ich verschenkt habe, das habe ich noch. Darum trage ich Leid um das, was ich versagt habe. Vergebe mir Gott!" Ein anderer Mann ließ auf seinem Grabstein die Worte einmeißeln: „Was ich ausgab, hatte ich; was ich sparte, verlor ich; was ich gab, das habe ich." Darum müssen wir beten: „Hilf, daß wir unser Gut auf Erden verwalten treulich immerfort, denn alles soll geheiligt werden uns durch Gebet und Gottes Wort. Alles, was wir heute wirken, ist gesät in deinen Schoß, und du wirst die Ernte senden unaussprechlich reich und groß."

Für eine Arbeit, die wir verrichten, werden wir bezahlt. Von Gott können wir das nicht verlangen. Gott hat uns schon alles reichlich und überreichlich vorausbezahlt. Wir bleiben Schuldner vor Gott. Im 17. Kapitel des Lukasevangeliums heißt es: „Also auch ihr, wenn ihr alles getan habt, was euch befohlen ist, so sprecht: Wir sind unnütze Knechte; wir haben getan, was wir zu tun schuldig waren" (Vers 10). Christen geben nicht um eigener Vorteile willen. Sie geben aus herzlicher Liebe zu Gott und den miterlösten Menschen, denen sie den Weg zum ewigen Heil bahnen helfen möchten. Eine Geberin hat einmal gesagt: „Meine schönste Freude für meine Opfer besteht darin, daß ich mit dem Gelde, welches so vielen zum Verderben gereicht, mithelfen darf, Menschen zum Heiland zu führen." Welche Freude wird erst dann die lieben Geber ergreifen, wenn gerettete Menschen vor dem Thron des Weltenrichters stehend auf sie weisen und sagen werden: „Siehe, treuer Gott, das sind sie, die Herz und Liebe für uns hatten; die, obgleich selber arm, es durch ihre Opfer ermöglicht haben, daß auch uns das Evangelium verkündigt werden konnte und wir jetzt in die ewige Heimat eingehen dürfen! Vergilt ihnen ihre Liebe und laß sie in deinem Vaterhause tausendfach wiederfinden, was sie an uns getan haben."

Und der fünfte Einwand: „Du kannst

keine großen Summen geben, und wenig spielt bei dem vielen Geld, das die Kirche braucht, keine Rolle." Wissen wir denn, was bei Gott viel oder wenig ist? Im Reiche Gottes gelten andere Maßstäbe. Da ist das Wenige, das ein Armer aus Liebe seinem Herrn bringt, mehr als die große Summe, die etwa ein Reicher aus seinem Überfluß gibt. Unter dem Segen Gottes hat solch ein Weniges manches Armen oft schon Großes im Reiche Gottes ausgerichtet. Ein Geldstück sagt: „Ich bin eine Markmünze. Beim Fleischer gelte ich nicht viel. Ich bin auch zu klein, um eine ordentliche Portion Eis zu kaufen. Ich bin auch nicht groß genug, um eine Pralinenschachtel zu erstehen. Ich bin auch unbedeutend, um eine Kinokarte zu kaufen. Ich tauge auch nicht, wenn man einen Ausflug machen will, aber sei sicher: Wenn ich sonntags in die Kirche gehe, dann gelte ich dort als ein respektables Geldstück."

4. Wie sollen wir geben?

Wir kommen nun zu der Frage: „Wie sollen wir geben?" Darauf bekommen wir die Antwort: Laßt uns nicht nur reichlich geben, sondern auch *gern* und mit *Freuden*. Laßt uns, sooft wir uns anschicken, unsere Beiträge und Opfer zu entrichten, mit Freuden vor Gottes Angesicht kommen. „Einen *fröhlichen* Geber hat Gott lieb" (2. Korinther 9, 7). Gott sieht das Herz an und nicht nur die Hand. Ihn interessiert es, wie wir geben. Römer 12, 8 lesen wir: „Übt jemand Barmherzigkeit, so tue er's gern." Gott hat keinen Gefallen an Gaben, die einer nur schweren Herzens schließlich doch bringt und sich selber abzwingt. Solche Opfer will er nicht. Wer daher nicht gern gibt, sollte sein Geld lieber behalten. Es ist nicht so, als ob Gott ohne unser Geld sein

Reich nicht erhalten könnte. Ihm geht es vor allem um die Liebe, die seine Kinder gerade mit ihren freudigen Opfern bekunden. Der Apostel Paulus schreibt an die Gemeinde zu Korinth, indem er diese zum Geben ermahnt: „Nicht sage ich das als Befehl; sondern weil andere so eifrig sind, prüfe ich auch eure Liebe, ob sie rechter Art sei" (2. Korinther 8, 8). Eben um diese Liebe ist es Gott auch jetzt bei all unserem Geben zu tun, um die opferfreudige Liebe. Diese Liebe spricht mit dem Psalmisten: „Ich will dir ein Freudenopfer bringen und deinen Namen, Herr, preisen, daß er so tröstlich ist" (Psalm 54, 8). Wer so gibt, zeigt, daß er zu dem Volk gehört, von dem Psalm 110, 3 (Übersetzung Martin Luthers. Textfassung 1912) geschrieben steht: „Nach deinem Sieg wird dir dein Volk williglich opfern in heiligem Schmuck." Fließt dagegen eine Gabe nicht aus dieser Liebe, dann ist sie vor Gott nichts wert.

Eine alte Großmutter pflegte zu sagen: „Wenn ihr jemandem eine Tasse Milch gebt, so nehmt den Rahm nicht ab", was bedeuten sollte: Wenn ihr jemandem etwas gebt, so entwertet die Gabe nicht durch die Art und Weise, in der es geschieht. So sollten wir erst recht nicht den Wert der Gabe, die wir dem Heiland bringen, durch gezwungenes, unfröhliches Geben herabmindern. Die Glieder einer Gemeinde auf Jamaika hatten beschlossen, die nötige Summe zur Unterhaltung eines aus dem Ort stammenden Evangelisten aufzubringen, um ihren noch unwissenden Brüdern das Evangelium predigen zu lassen. Zu diesem Zweck wählten sie einen Kassierer und bestimmten einen Tag, um die gewünschte Summe einzusammeln. Als dieser Tag herankam und alle versammelt waren, ergriff der Kassierer, ein bejahrter Mann, das Wort und stellte drei Grundsätze auf, die einstimmig angenommen wurden: 1. Wir wollen *alle* geben; 2. Wir wollen geben, soviel wir *können*; 3. Wir wollen *fröhlich* geben. Aber diese Grundsätze waren mehr als eine bloße Form, sie sollten auch durchgeführt werden. Nachdem schon mehrere Personen ihre Gaben dargebracht hatten, trat ein alter Mann vor, von dem man wußte, daß er reicher war als die anderen, und legte 2 Dollar auf den Tisch. Der Vorsitzende gab sie zurück und sagte: „Diese Gabe ist wohl nach dem ersten Grundsatz gegeben, aber nicht nach dem zweiten." Der Mann mußte sein Geld zurücknehmen und ging sehr verdrießlich auf seinen Platz zurück. Aber er kam bald wieder, warf 20 Dollar auf den Tisch und sagte mürrisch: „Hier - ist das vielleicht genug?" Ruhig gab ihm der Kassierer sein Geld zurück mit den Worten: „Das ist vielleicht nach dem ersten und zweiten Grundsatz richtig, aber nicht nach dem dritten." Der Mann nahm noch einmal das Geld an sich und setzte sich in eine Ecke der Kirche, voller

Zorn über die ihm widerfahrene Behandlung. Bald jedoch kam er zurück, näherte sich mit lächelnder Miene dem Tisch, legt sanft eine Hundert-Dollar-Note hin mit den Worten: „Ich gebe dies gern im Namen Jesu." Der alte Kassierer sprang auf, ergriff die Hand dieses Mannes und rief: „So ist's recht; das stimmt mit allen drei Grundsätzen überein!" Auch wir wollen geben nicht wie ein Fremder einem Fremden, sondern wie eine Mutter ihrem Kind gibt.

Laßt uns das fröhliche Geben lernen von dem allerfreundlichsten und allerfreudigsten Geber, der nur eine Freude kennt, nämlich *geben*, und dem darum derjenige der Willkommenste ist, der am meisten braucht und es sich von ihm erbittet. Als Paulus in den Herzen der Korinther die Freude zum Geben wachrufen wollte, hat er sie auf diesen Geber hingewiesen und gesagt: „Denn ihr kennt die Gnade unseres Herrn Jesus Christus; obwohl er reich ist, wurde er doch arm um euretwillen, damit ihr durch seine Armut reich würdet" (2. Korinther 8, 9). Daran wollen wir uns stets erinnern lassen und es niemals vergessen. Dann werden wir als die Gesegneten des Herrn im Gericht nicht zuschanden werden.

5. Wieviel sollen wir geben?

Nach allem, was wir bisher gehört haben, müssen wir auf diese Frage antworten: „Nicht, was uns gefällt!" Wer bei sich selbst hierüber Rat einholen wollte, wäre schlecht beraten. Er würde den armen Lazarus seiner Gemeinde mit wenigen Brocken abfertigen und dabei seinem eigenen Ich seine Gaben haufenweise hintragen. Hier gilt: „Wer Fleisch und Blut will fragen, der fällt in Selbstbetrug!" und „Die aber Christus Jesus angehören, die haben ihr Fleisch gekreuzigt samt den Leidenschaften und Begierden." (Galater 5, 24). Diese Frage wird auch keiner von uns so beantworten wollen, daß er sagt: „Ich gebe, was ich gerade einmal übrig habe und leicht entbehren kann." Das wäre ja keine *Gabe*. Ein Opfer wird von vornherein in den

Haushaltsplan mit hineingenommen und mit einbezogen.

Ein Christ sollte sich darum, wenn er seine Gabe dem Herrn bringt, fragen: Ist das auch ein wirkliches Opfer für mich? Ist das die Gabe, die der Herr von mir erwartet? Ist meine Gabe die Antwort auf die Frage: „Was gibst du denn, o meine Seele, Gott, der dir täglich alles gibt?" Vor einer falschen Antwort bleibt jeder bewahrt, der bedenkt, daß unsere Gaben nicht gemessen werden an dem, was wir geben, sondern nach dem, was wir *zurückbehalten*. Der Herr sagt von dem Scherflein der Witwe, daß sie mehr gegeben habe als die anderen, obgleich manch ein Reicher viel mehr in den Gotteskasten gelegt hatte. Die Ausbreitung der frohen Botschaft von der Gnade Gottes ist mit vielen Unkosten verbunden. Die Ausbreitung des Evangeliums kostet viel Geld. Die Kirche hat immer so viele Ausgaben, und der Finanzhaushalt einer Gemeinde verschlingt große

Summen. Wäre es denn auch richtig, nur etwas von unserem Überfluß zu geben? Sollte uns nicht vielmehr jener christliche Vater ein Vorbild sein, der seinem Sohne, der soeben die Lehre beendet und das erste Geld nach Hause gebracht hatte, sagte: „Das trägst du zu unserem Kassierer!" Wie schön ist es, wenn christliche Eltern ihre Kinder dazu erziehen und ermuntern, gerade auch diese Pflicht des Gebens zu erfüllen. Schon diese Kinder können der Kirche mit ihrer Gabe eine wichtige Stütze und Hilfe sein, außerdem ein Vorbild für andere.

Ein blindes Mädchen brachte eines Tages 27 Schweizer Franken ihrem Pastor als Beitrag für die Kirche. Der Seelsorger, erstaunt über eine so große Summe, sagte zu ihr: „Für ein armes blindes Mädchen ist das entschieden zu viel und mehr als ein Opfer." „Es ist wahr", erwiderte darauf die Blinde, „ich bin blind, aber vielleicht nicht so arm, wie Sie meinen. Auch glaube ich,

Ihnen beweisen zu können, daß ich diese 27 Franken leichter entbehren kann als die Sehenden." Der Pastor, verwundert über solche Rede, sagte, er möchte gern hören, wie sie ihm das beweisen könne. „Ich bin eine Korbflechterin", sagte das Mädchen, „und da ich blind bin, so kann ich die Körbe ebensogut im Dunkeln machen wie bei Licht. Ich bin mir sicher, daß die sehenden Mädchen während des letzten Winters bei den langen Abenden für Licht mehr als 27 Franken haben ausgeben müssen, um bei ihrer Arbeit sehen zu können. Diese Ausgabe ist mir erspart, und ich kann dies Geld opfern." Das ist eine seltsame Art zu rechnen, nicht wahr? Diese Art des Rechnens lernt man auch heute noch in der Schule des Heiligen Geistes.

Wir sollen unsere Opfer nach Möglichkeit *regelmäßig* bringen, vor allem den Beitrag nicht nur *einmal* für das ganze Jahr geben, sondern, wenn irgend möglich, monatliche Beiträge entrichten. Es ist leichter, kleinere Summen in gewissen Abständen zu geben als eine größere Summe auf einmal. Natürlich soll das keine Vorschrift sein, wie es auch kein Gesetz über die *Höhe* des Beitrages gibt. Im Alten Testament war es selbstverständlich, den Zehnten zu geben. Im Neuen Testament besteht das Gesetz nicht mehr, obgleich es auch jetzt noch Christen gibt, die den Zehnten ihres Einkommens für das Reich Gottes zurücklegen. In der Kirche Jesu Christi gibt es für das Geben nur ein Gesetz, das Gesetz der Liebe. Nach diesem Gesetz ist die Beitragshöhe ausgerichtet. Die christliche Liebe bedarf keines Zwanges, sondern sie gibt gern und aus freiem Antrieb. Paulus schreibt im Römerbrief (15, 26) von den Christen in Mazedonien und Achaja: „Sie haben willig eine gemeinsame Gabe (eine Geldsammlung) zusammengelegt." Sie haben sich nicht lange erst bitten lassen, sondern willig und aus eigenem

Antrieb kamen sie von allen Seiten mit Gaben. Die christliche Liebe wartet nicht auf einen Zahlungsbescheid oder eine Mahnung. Von ihr gilt, was Luther einmal vom christlichen Glauben rühmend sagte: „Er fragt nicht, ob gute Werke zu tun sind, sondern ehe man fragt, hat er sie getan und ist immer im Tun." Die Liebe befreit den Menschen vom Geiz und der Eigenliebe. Da gibt einer, auch wenn er nicht zum Geben aufgefordert wird, ja, er gibt dann erst recht.

Christian Scriver sagte einmal: „Die christliche Liebe ist keine böse Haushälterin, daß sie ihren Herrn zum Bettler machen wollte." Sie handelt vielmehr nach dem Wort: „Füllet eure Hände zum Dienst für den Herrn." (2. Mose 32, 29). Sie bringt nach dem Vorbild der Maria das kostbare Nardenwasser ihres willigen Opfers nicht nur tropfenweise dem Herrn, sondern glasweise. Daß das nicht übertrieben ist, soll noch ein Beispiel zeigen:

Eine Greisin lebte mit ihrer Tochter zusammen. Der ganze Wohnraum bestand aus einem Stübchen, ausgestattet mit ein paar armseligen Möbeln. Sie lebten von der Altersrente der alten Frau und dem schmalen Verdienst der Tochter, die irgendwo als Arbeiterin tätig war. Diese beiden Leute überreichten ihrem Pastor jeden Monat als Opfer und Kirchenbeitrag volle 50 Mark. Und als einmal der Pastor die Annahme dieser Summe verweigern wollte mit der Begründung, daß solch eine Gabe für sie entschieden zu hoch sei, da sagte die Greisin noch entschiedener: „Es ist für den Heiland!" und drückte fast empört ihrem Pastor das längst bereitgehaltene Geld in die Hand. Wir werden dadurch an das Lob erinnert, das der Apostel Paulus einst über die Opferwilligkeit der mazedonischen Gemeinden ausgesprochen hat: „Denn nach Kräften, das bezeuge ich, und sogar über ihre Kräfte haben sie willig gegeben und haben uns mit vielem Zureden gebeten, daß sie mithelfen dürften an der Wohltat und der Gemeinschaft des Dienstes für die Heiligen" (2. Korinther 8, 4).

Gott schenke uns *willige* Herzen zum Geben für die Ausbreitung seines Wortes!

Weitere Hefte in der Zahrenholzer Reihe:

Heft 1, **Denn Du bist bei mir**
Gottes Trost am Krankenbett
In diesem Trostbüchlein wurden Bibel- und Gesangbuchverse zusammengestellt, die sich besonders zum Lesen und Vorlesen am Krankenbett eignen. 32 Seiten, Tb., 2,80 DM

Heft 2, Christoph Horwitz
Warum lutherische Bekenntniskirche?
16 Seiten, geheftet, 1,20 DM

Heft 3, Richard Tepper
Die Brücke, die trägt
Dieses Heft ist eine herzliche Einladung zum christlichen Glauben und eine Hilfe, uns über die wichtigste Frage unseres Lebens klarzuwerden. 32 Seiten, geheftet, 3,80 DM

Heft 4, Matthias Krieser
Was ist Wahrheit?
Eine Information für Zeugen Jehovas
Dieses Heft korrigiert viele Irrtümer der Zeugen Jehovas durch klare biblische Aussagen und geht in Stil und Argumentationsweise besonders auf sie ein. Das Heft kann auch bei der Vorbereitung auf Gespräche mit Zeugen Jehovas helfen.
48 Seiten, geheftet, 2,80 DM

Heft 5, Christoph Horwitz
Die Gabe des heiligen Abendmahls
32 Seiten, geheftet, 2,- DM

Heft 6, Richard Tepper
Stärker als die Angst
Wenn dein Herz das Danken lernt, läßt die Angst dich los.
32 Seiten, geheftet, 2,- DM

Heft 7, Theodor Reuter
Es wird kommen, der kommen soll
Christi Wiederkunft und die mit ihr zusammenhängenden "letzten Dinge" werden aufgrund klarer Bibelaussagen dargelegt, und alle unbiblischen Erwartungen werden widerlegt.
48 Seiten, geheftet, 3,80 DM

Heft 8, Herrmann Otto
Kommt es auf den Trauschein an?
32 Seiten, geheftet, 2,- DM

Heft 9, Detlef Löhde
Bergpredigt und weltliche Ordnung
16 Seiten, geheftet, 1,80 DM

Heft 10, Matthias Krieser
Das Zeichen der Wende
Was Gottes Wort zur Taufe sagt.
48 Seit., gehef., 2,80 DM

Heft 11, Detlef Löhde
Die Schöpfungsgeschichte
Bericht oder gleichnishafte Erzählung?
96 Seiten, Tb., 8,80 DM

Heft 13, Hans-Lutz Poetsch
"Meine Tochter glaubt nicht!"
Vom Umgang mit christusfernen Angehörigen
35 Seiten, Tb., 4,80 DM

Heft 14, Hartwig Körtje
Ich bin getauft
Gott wandt zu mir sein Vaterherz

Die heilige Taufe ist in Verruf gekommen gerade bei manchen, die mit Ernst Christ sein wollen. So ist es nötig, die große Gabe Gottes zu rühmen: die Brücke, die Jesus Christus zu unseren Herzen geschlagen hat. 40 Seiten, Tb., 4,80 DM

Heft 15, Martin Luther
Vorrede zum Römerbrief
Überarbeitet von Winfried Küttner

31 Seiten, Tb., 3,80 DM

Heft 16, Volker Stolle (Hrsg.)
Türen öffnen - Zugänge zur Bibel
Eine Anleitung für Bibelleser, 62 Seiten, Tb., 6,00 DM

Heft 17, Hartmut Günther
Die Heilige Schrift -
ihre Geltung und der Umgang mit ihr.
45 Seiten. Tb., 3,80 DM

Heft 18, Armin-Ernst Buchrucker
Frauenpfarramt und Feministische Theologie
72 Seiten. Tb., 4,80 DM

Heft 19, Hartmut Günther
Die Kirche bleibt
- mit welchem Glauben,
- mit welcher Hoffnung,
- mit welcher Liebe?
Referat für die 8. Kirchensynode der SELK in Erfurt, November 1995
44 Seiten. Tb., 3,80 DM

Heft 20, Hans-Lutz Poetsch
Gesetz und Evangelium, Kirche und Staat bei Martin Luther
67 Seiten, Tb., 4,80 DM

Heft 21, Horst Neumann
Aufschlußreiches zur Bibel
Eine Hilfestellung zum Bibellesen und Bibel verstehen

Obgleich die Bibel das am weitesten verbreitete Buch der Welt ist, wird sie heute von vielen kaum oder nicht mehr beachtet. Dieses Buch gibt Hilfen für Neueinsteiger **und** Wiedereinsteiger! Gerade wegen der Kurzdarstellungen jedes biblischen Buches und des Bibelleseplans ist es besonders für Konfirmanden und als Konfirmationsgeschenk geeignet.
Aber auch gestandene Christen lesen das Buch mit Gewinn.
Der Autor dieses Buches ist Direktor des Missionswerkes "Lutherische Stunde" e.V.
120 Seiten, Tb., 8,80 DM

Heft 22, Helmut Schlender
Mein Geld für die Kirche?
52 Seiten, Tb., 4,80 DM

Heft 23, Michael Schätzel
»An Gott glauben: JA -- aber die Kirche?«
57 Seiten, Tb., 4,80 DM